¿POR QUÉ HIBERNAN LOS ANIMALES?

MARIE RO

TRADUCIDO POR ESTHER SARFATTI

PowerKiDS press

New York

Published in 2021 by The Rosen Publishing Group, Inc.
29 East 21st Street, New York, NY 10010

First Edition

Translator: Esther Sarfatti
Editor, Spanish: Rossana Zúñiga
Editor: Amanda Vink
Book Design: Rachel Rising

Portions of this work were originally authored by Michael Ulinski and published as *Why Do Animals Hibernate?* All new material in this edition authored by Marie Rogers.

Photo Credits: Cover, p.1 By Brian E Kushner/Shutterstock.com;pp. 4,6,8,10,12,14,16,18,20,22 (background) cluckva/Shutterstock.com; pp.5, 17 Margaret M Stewart/Shutterstock.com; p. 7 Creative Travel Projects/ Shutterstock.com; p. 9 colacat/Shutterstock.com; p. 11 Shaber/Shutterstock.com; p. 13 Coatesy/Shutterstock.com; p. 15 ArCaLu/Shutterstock.com; p. 19 tcareob72/Shutterstock.com; p. 21 Serge Goujon/Shutterstock.com; p. 22 Dmitriy Yakovlev/Shutterstock.com.

Library of Congress Cataloging-in-Publication Data

Names: Rogers, Marie, 1990- author.
Title: ¿Por qué hibernan los animales? / Marie Rogers.
Description: New York : PowerKids Press, [2021] | Series: El máximo secreto de la naturaleza
  | Includes index.
Identifiers: LCCN 2019048822 | ISBN 9781725320802 (paperback) | ISBN
  9781725320826 (library binding) | ISBN 9781725320819 (6 pack)
Subjects: LCSH: Hibernation–Juvenile literature. |
  Animals–Wintering–Juvenile literature.
Classification: LCC QL755 .R64 2021 | DDC 591.56/5–dc23
LC record available at https://lccn.loc.gov/2019048822

Manufactured in the United States of America

Some of the images in this book illustrate individuals who are models. The depictions do not imply actual situations or events.

CPSIA Compliance Information: Batch #CSPK20. For Further Information contact Rosen Publishing, New York, New York at 1-800-237-9932.

CONTENIDO

Pasar el invierno durmiendo 4

Poca comida 6

Almacenamiento 8

Más despacio 10

Muchos animales 12

Los osos 14

Las ardillas listadas 16

Las ranas y los sapos 18

Las marmotas 20

¡Llegó la primavera! 22

Glosario 23

Índice 24

Sitios de Internet 24

Pasar el invierno durmiendo

En invierno puede llegar a hacer mucho frío. La gente se queda en casa para estar calentita. ¿Sabes qué hacen algunos animales en invierno? ¡Hibernan! Eso significa que parece que duermen durante el invierno **entero**, y después ¡se despiertan en primavera!

Poca comida

Para los animales es difícil encontrar comida en invierno. En muchos lugares, la tierra está **congelada** y cubierta de nieve, y la mayoría de las plantas no crecen. Los animales hibernan porque, si no estuvieran dormidos, gastarían demasiada **energía** en buscar comida.

Almacenamiento

Antes de hibernar, ¡los animales trabajan mucho en prepararse para el invierno! Algunos comen mucho antes de que llegue el invierno. Otros, recogen comida y la **almacenan** para comerla más adelante. Todos los animales deben asegurarse de tener suficiente comida para pasar el largo invierno.

Más despacio

Cuando los animales hibernan, sus cuerpos funcionan más despacio. Respiran muy suavemente y el latido del corazón no es tan rápido.

La **temperatura** de sus cuerpos baja también. Estos cambios ocurren para que los animales no gasten mucha energía.

Baja la temperatura.

El corazón late más despacio.

La respiración es más suave.

Muchos animales

Hay muchos animales que hibernan. Algunos duermen durante varios meses. Otros, se despiertan cada dos o tres días. Los osos, las ardillas listadas, los sapos y las marmotas son algunos ejemplos de animales que hibernan. Aunque estos animales son diferentes, todos tienen en común la hibernación.

13

Los osos

Los osos que hibernan duermen todo el invierno. ¡Ni siquiera se despiertan para comer! Antes de meterse en sus guaridas, los osos comen mucho. Después, sus cuerpos usan su grasa lentamente durante el invierno.

Las ardillas listadas

Durante el invierno, las ardillas listadas duermen en madrigueras. Son agujeros en la tierra donde tienen sus nidos y guardan su comida. Las ardillas listadas recogen semillas y otros alimentos durante el verano, y en invierno, se despiertan cada cierto tiempo para comer.

Las ranas y los sapos

¡Algunas ranas y sapos hibernan dentro del barro! Estar medio cubiertas de barro ayuda a las ranas a protegerse y a esconderse de peces y animales más grandes. Algunos sapos hibernan en la tierra. **Cavan** muy hondo para protegerse del frío.

Las marmotas

Las marmotas construyen una madriguera nueva especial para el invierno. Prefieren las zonas con hierba para hacer estas casas de invierno. Cuando las marmotas hibernan, sus corazones laten muy despacio. En lugar de comer durante la hibernación, usan la grasa que han almacenado durante el verano.

¡Llegó la primavera!

Cuando acaba el invierno y llega la primavera, ¡los animales se despiertan! Como tienen mucha hambre, dejan sus casas para buscar comida y agua. Pasan la primavera, el verano y el otoño comiendo ¡y así están preparados para hibernar de nuevo en invierno!

GLOSARIO

almacenar: recoger y guardar algo, como comida.

cavar: hacer hoyos en la tierra.

congelado: se refiere a algo muy frío y, a veces, cubierto de hielo.

energía: el poder de trabajar o actuar.

entero: completo, con todas sus partes o aspectos.

temperatura: algo que mide lo frío o caliente que está algo.

ÍNDICE

A
ardillas listadas, 12, 16

C
comida, 6, 8, 14, 16, 22

E
energía, 6, 10, 23

I
invierno, 4, 6, 8, 14, 16, 20, 22

L
latidos del corazón, 10, 11

M
marmotas, 12, 20

O
osos, 12, 14

P
primavera, 4, 22

R
ranas, 18

S
sapos, 12, 18

T
temperatura, 10, 11, 23

V
verano, 16, 20, 22

SITIOS DE INTERNET

Debido a la naturaleza cambiante de los enlaces de internet, PowerKids Press ha elaborado una lista de sitios de Internet relacionados con el tema de este libro. Este sitio se actualiza de forma regular. Por favor, utiliza este enlace para acceder a la lista: www.powerkidslinks.com/tsn/hibernate